LE JOURNAL DE GRATITUDE D'UNE MINUTE

Ce journal appartient à

_____

Copyright © 2020 Brenda Nathan

Tous droits réservés.

ISBN: 978-1-952358-06-7

Gratitude

La gratitude est un sentiment de reconnaissance pour ce que l'on possède. C'est un sentiment de remerciement pour les bénédictions que nous avons reçues. Cultiver une attitude de gratitude procure de nombreux avantages: physiques, mentaux et spirituels. Ressentir de la gratitude dans le moment présent vous rend plus heureux et plus détendu, et améliore votre santé et votre bien-être en général.

La gratitude ne doit pas se limiter aux grandes choses. Il peut également s'agir de petits événements quotidiens. Il y a toujours quelque chose dont vous pouvez être reconnaissant dans votre vie. Il s'agit d'apprécier les choses qui vous entourent plutôt que de les prendre pour acquises.

Écrivez trois à cinq choses pour lesquelles vous êtes reconnaissant chaque jour. Non seulement vous vous sentirez bien en les écrivant, mais vous ressentirez également de la gratitude pendant la journée.
  Il y a des pages dans ce journal où vous pouvez simplement dessiner quelque chose. Si vous n'avez

aucune envie de dessiner, il vous suffit de coller une belle image sur cette page. Notre esprit réagit mieux aux images et c'est une excellente façon de ressentir de la gratitude et de l'appréciation.

La gratitude nous rend plus optimistes et plus compatissants. Le vrai bonheur est en nous. En consignant votre gratitude dans un journal, vous emmagasinerez une énergie positive, vous gagnerez en clarté dans votre vie et vous aurez un meilleur contrôle de vos pensées et de vos émotions.

Écrivez dans ce journal trois à cinq choses pour lesquelles vous êtes reconnaissant et transformez vos moments ordinaires en bénédictions.

Jour: _____ *Date:* _____ / _____ / _____

Aujourd'hui, je suis *reconnaissant* pour _____

_____
_____
_____
_____
_____

> Soyons reconnaissants envers ceux qui nous rendent heureux, ce sont les charmants jardiniers qui font fleurir notre âme. ~ *Marcel Proust*

Jour: _____ *Date:* _____ / _____ / _____

Aujourd'hui, je suis *reconnaissant* pour _____

_____
_____
_____
_____
_____

Jour: _____ *Date* _____/_____/_____

Aujourd'hui, je suis *reconnaissant* pour _____

_____

_____

_____

_____

_____

> L'essence de tout bel art, de tout grand art, c'est la gratitude.
> ~ *Friedrich Nietzsche*

Jour: _____ *Date:* _____/_____/_____

Aujourd'hui, je suis *reconnaissant* pour _____

_____

_____

_____

_____

_____

Jour: _____ *Date:* ____ / ____ / ____

Aujourd'hui, je suis *reconnaissant* pour _____

_____
_____
_____
_____
_____
_____

> Le récepteur reconnaissant porte une récolte abondante.
> ~ *William Blake*

Jour: _____ *Date:* ____ / ____ / ____

Aujourd'hui, je suis *reconnaissant* pour _____

_____
_____
_____
_____
_____
_____

Jour: _____ *Date* ____/____/____

Aujourd'hui, je suis *reconnaissant* pour _____

_____

_____

_____

_____

Il n'y a qu'un seul chemin vers le bonheur et c'est de cesser de s'inquiéter de choses qui dépassent le pouvoir de notre volonté. ~ Épictète

Jour: _____ *Date:* ____/____/____

Aujourd'hui, je suis *reconnaissant* pour _____

_____

_____

_____

_____

Jour: _____ *Date:* _____/_____/_____

Aujourd'hui, je suis *reconnaissant* pour _____

_____
_____
_____
_____
_____
_____

La gratitude est la plus belle fleur qui jaillit de l'âme.
~ Henry Ward Beecher

Jour: _____ *Date:* _____/_____/_____

Aujourd'hui, je suis *reconnaissant* pour _____

_____
_____
_____
_____
_____
_____

Jour: _____ *Date* _____ / _____ / _____

Aujourd'hui, je suis *reconnaissant* pour _____

_____

_____

_____

_____

_____

Tout ce qui est positif vaut mieux que rien de négatif. ~ *Elbert Hubbard*

Jour: _____ *Date:* _____ / _____ / _____

Aujourd'hui, je suis *reconnaissant* pour _____

_____

_____

_____

_____

_____

Jour: _____ *Date:* _____ / _____ / _____

Aujourd'hui, je suis *reconnaissant* pour _____

_____

_____

_____

_____

_____

La direction de l'esprit est plus importante que sa progression.
~ *Joseph Joubert*

Jour: _____ *Date:* _____ / _____ / _____

Aujourd'hui, je suis *reconnaissant* pour _____

_____

_____

_____

_____

_____

Jour: _____ *Date* ____/____/____

Aujourd'hui, je suis *reconnaissant* pour _____

_____

_____

_____

_____

_____

Le bonheur n'est pas un idéal de raison, mais d'imagination.
~ *Emmanuel Kant*

Jour: _____ *Date:* ____/____/____

Aujourd'hui, je suis *reconnaissant* pour _____

_____

_____

_____

_____

_____

Jour: _____ *Date:* _____ / _____ / _____

Aujourd'hui, je suis *reconnaissant* pour _____

_____
_____
_____
_____
_____

Les courtoisies d'un caractère petit et insignifiant sont celles qui frappent le plus profondément dans le cœur reconnaissant et appréciant. ~ *Henry Clay*

Jour: _____ *Date:* _____ / _____ / _____

Aujourd'hui, je suis *reconnaissant* pour _____

_____
_____
_____
_____
_____

Jour: _____ *Date* _____/_____/_____

Aujourd'hui, je suis *reconnaissant* pour _____

_____

_____

_____

_____

_____

L'art d'être heureux réside dans le pouvoir d'extraire le bonheur des choses courantes. ~ *Henry Ward Beecher*

Jour: _____ *Date:* _____/_____/_____

Aujourd'hui, je suis *reconnaissant* pour _____

_____

_____

_____

_____

_____

Jour: _____ *Date:* ___/___/___

Aujourd'hui, je suis *reconnaissant* pour _____

_____
_____
_____
_____
_____

Le bonheur ne réside pas dans les possessions, et non dans l'or, le bonheur habite dans l'âme. ~ *Démocrite*

Jour: _____ *Date:* ___/___/___

Aujourd'hui, je suis *reconnaissant* pour _____

_____
_____
_____
_____
_____

Jour: _____ *Date* ____/____/____

Aujourd'hui, je suis *reconnaissant* pour _____

_____
_____
_____
_____
_____

L'émerveillement est le désir de connaissance. ~ *Thomas d'Aquin*

Jour: _____ *Date:* ____/____/____

Aujourd'hui, je suis *reconnaissant* pour _____

_____
_____
_____
_____
_____

Jour: _____ *Date:* _____ / _____ / _____

Aujourd'hui, je suis *reconnaissant* pour _____
_____
_____
_____
_____
_____

Les choses ne changent pas; nous changeons. ~ *Henry David Thoreau*

Jour: _____ *Date:* _____ / _____ / _____

Aujourd'hui, je suis *reconnaissant* pour _____
_____
_____
_____
_____
_____

Jour: _____ *Date* ____/____/____

Aujourd'hui, je suis *reconnaissant* pour _____

_____
_____
_____
_____
_____

> Notre plus grande gloire n'est pas de ne jamais tomber, mais de se lever chaque fois que nous tombons. ~ *Confucius*

Jour: _____ *Date:* ____/____/____

Aujourd'hui, je suis *reconnaissant* pour _____

_____
_____
_____
_____
_____

Dessinez quelque chose

Jour: _____ *Date* _____ / _____ / _____

Aujourd'hui, je suis *reconnaissant* pour _____

_____

_____

_____

_____

Une seule pensée reconnaissante envers le ciel est la prière la plus parfaite.
~ *Gotthold Ephraim Lessing*

Jour: _____ *Date:* _____ / _____ / _____

Aujourd'hui, je suis *reconnaissant* pour _____

_____

_____

_____

_____

Jour: _____ *Date:* _____ / _____ / _____

Aujourd'hui, je suis *reconnaissant* pour _____

_____
_____
_____
_____
_____
_____

La gratitude n'est pas seulement la plus grande des vertus, mais le parent de toutes les autres. ~ *Marcus Tullius Cicero*

Jour: _____ *Date:* _____ / _____ / _____

Aujourd'hui, je suis *reconnaissant* pour _____

_____
_____
_____
_____
_____
_____

Jour: _____ *Date* _____ / _____ / _____

Aujourd'hui, je suis *reconnaissant* pour _____

_____

_____

_____

_____

_____

Le plaisir que nous éprouvons le plus rarement nous procure le plus grand plaisir. ~ *Épictète*

Jour: _____ *Date:* _____ / _____ / _____

Aujourd'hui, je suis *reconnaissant* pour _____

_____

_____

_____

_____

_____

Jour: _____ *Date:* _____ / _____ / _____

Aujourd'hui, je suis *reconnaissant* pour _____
_____
_____
_____
_____
_____

La gratitude est le signe des âmes nobles. ~ *Fables d'Ésope*

Jour: _____ *Date:* _____ / _____ / _____

Aujourd'hui, je suis *reconnaissant* pour _____
_____
_____
_____
_____
_____

Jour: _____ *Date* ____/____/____

Aujourd'hui, je suis *reconnaissant* pour _____

_____
_____
_____
_____
_____

Si un peu rêver est dangereux, le remède n'est pas de rêver moins mais de rêver plus, de rêver tout le temps. ~ *Marcel Proust*

Jour: _____ *Date:* ____/____/____

Aujourd'hui, je suis *reconnaissant* pour _____

_____
_____
_____
_____
_____

Jour: _____ *Date:* _____/_____/_____

Aujourd'hui, je suis *reconnaissant* pour _____

_____
_____
_____
_____
_____

La gratitude est un devoir qui doit être payé, mais auquel personne n'a le droit de s'attendre. ~ Jean-Jacques Rousseau

Jour: _____ *Date:* _____/_____/_____

Aujourd'hui, je suis *reconnaissant* pour _____

_____
_____
_____
_____
_____

Jour: _____ *Date* _____ / _____ / _____

Aujourd'hui, je suis *reconnaissant* pour _____

_____

_____

_____

_____

_____

L'appréciation est une chose merveilleuse: elle fait que ce qui est excellent chez les autres nous appartient aussi. ~ *Voltaire*

Jour: _____ *Date:* _____ / _____ / _____

Aujourd'hui, je suis *reconnaissant* pour _____

_____

_____

_____

_____

_____

Jour: _____ *Date:* ____/____/____

Aujourd'hui, je suis *reconnaissant* pour _____

_____
_____
_____
_____
_____
_____

Le chemin le plus clair dans l'Univers est à travers une forêt sauvage.
~ *John Muir*

Jour: _____ *Date:* ____/____/____

Aujourd'hui, je suis *reconnaissant* pour _____

_____
_____
_____
_____
_____
_____

Jour: _____ *Date* _____ / _____ / _____

Aujourd'hui, je suis *reconnaissant* pour _____

_____

_____

_____

_____

_____

Quand on est malheureux, on doute de tout; heureux, on ne doute de rien.
~ *Joseph Roux*

Jour: _____ *Date:* _____ / _____ / _____

Aujourd'hui, je suis *reconnaissant* pour _____

_____

_____

_____

_____

_____

Jour: _____ *Date:* ____/____/____

Aujourd'hui, je suis *reconnaissant* pour _____

_____
_____
_____
_____
_____
_____

Notre bonheur dépend de la sagesse tout le long. ~ *Sophocle*

Jour: _____ *Date:* ____/____/____

Aujourd'hui, je suis *reconnaissant* pour _____

_____
_____
_____
_____
_____
_____

Jour: _____ *Date* _____ / _____ / _____

Aujourd'hui, je suis *reconnaissant* pour _____

_____
_____
_____
_____
_____

Le signe de sagesse le plus certain est la gaieté. ~ *Michel de Montaigne*

Jour: _____ *Date:* _____ / _____ / _____

Aujourd'hui, je suis *reconnaissant* pour _____

_____
_____
_____
_____
_____

Jour: _____ *Date:* ____/____/____

Aujourd'hui, je suis *reconnaissant* pour _____

Crois que tu le peux et tu es à la moitié du chemin.
~ *Theodore Roosevelt*

Jour: _____ *Date:* ____/____/____

Aujourd'hui, je suis *reconnaissant* pour _____

Jour: _____ *Date* _____ / _____ / _____

Aujourd'hui, je suis *reconnaissant* pour _____

_____

_____

_____

_____

_____

> Les événements suivront leur cours, il ne sert à rien de leur en vouloir ;
> il est le plus heureux qui les convertit sagement au meilleur compte.
> ~ *Euripides*

Jour: _____ *Date:* _____ / _____ / _____

Aujourd'hui, je suis *reconnaissant* pour _____

_____

_____

_____

_____

_____

Jour: _____ *Date:* _____/_____/_____

Aujourd'hui, je suis *reconnaissant* pour _____

_____
_____
_____
_____
_____
_____

Tout a une beauté mais tout le monde ne la voit pas. ~ *Confucius*

Jour: _____ *Date:* _____/_____/_____

Aujourd'hui, je suis *reconnaissant* pour _____

_____
_____
_____
_____
_____
_____

Dessinez quelque chose

Jour: _____ *Date:* ____ / ____ / ____

Aujourd'hui, je suis *reconnaissant* pour _____

_____
_____
_____
_____
_____

> Prenez l'habitude de ne pas critiquer les petites choses.
> ~ *Edward Everett Hale*

Jour: _____ *Date:* ____ / ____ / ____

Aujourd'hui, je suis *reconnaissant* pour _____

_____
_____
_____
_____
_____

Jour: _____ Date ____ / ____ / ____

Aujourd'hui, je suis *reconnaissant* pour _____

_____
_____
_____
_____
_____

Croyez que la vie vaut la peine d'être vécue et votre croyance contribuera à créer le fait. ~ *William James*

Jour: _____ Date: ____ / ____ / ____

Aujourd'hui, je suis *reconnaissant* pour _____

_____
_____
_____
_____
_____

Jour: _____ *Date:* ____ / ____ / ____

Aujourd'hui, je suis *reconnaissant* pour _____

Un esprit satisfait est la plus grande bénédiction dont un homme puisse jouir dans ce monde. ~ *Joseph Addison*

Jour: _____ *Date:* ____ / ____ / ____

Aujourd'hui, je suis *reconnaissant* pour _____

Jour: _____ *Date* ____/____/____

Aujourd'hui, je suis *reconnaissant* pour _____

_____

_____

_____

_____

_____

> Les bonnes actions nous donnent de la force et inspirent de bonnes actions aux autres. ~ *Platon*

Jour: _____ *Date:* ____/____/____

Aujourd'hui, je suis *reconnaissant* pour _____

_____

_____

_____

_____

_____

Jour: _____ Date: ___/___/___

Aujourd'hui, je suis *reconnaissant* pour _____
_____
_____
_____
_____
_____

Nos meilleurs succès viennent souvent après nos plus grandes déceptions.
~ Henry Ward Beecher

Jour: _____ Date: ___/___/___

Aujourd'hui, je suis *reconnaissant* pour _____
_____
_____
_____
_____
_____

Jour: _____ *Date* _____/_____/_____

Aujourd'hui, je suis *reconnaissant* pour _____

_____

_____

_____

_____

_____

Un cœur aimant est le début de toute connaissance. ~ *Thomas Carlyle*

Jour: _____ *Date:* _____/_____/_____

Aujourd'hui, je suis *reconnaissant* pour _____

_____

_____

_____

_____

_____

Jour: _____ *Date:* ____ / ____ / ____

Aujourd'hui, je suis *reconnaissant* pour _____

_____
_____
_____
_____
_____

L'honnêteté est le premier chapitre du livre de la sagesse.
~ *Thomas Jefferson*

Jour: _____ *Date:* ____ / ____ / ____

Aujourd'hui, je suis *reconnaissant* pour _____

_____
_____
_____
_____
_____

Jour: _____ *Date* _____/_____/_____

Aujourd'hui, je suis *reconnaissant* pour _____

_____

_____

_____

_____

_____

>La vie en abondance ne vient que d'un grand amour.
>~ *Elbert Hubbard*

Jour: _____ *Date:* _____/_____/_____

Aujourd'hui, je suis *reconnaissant* pour _____

_____

_____

_____

_____

_____

Jour: _____ *Date:* ____/____/____

Aujourd'hui, je suis *reconnaissant* pour _____

_____
_____
_____
_____
_____
_____

> Vivre est si surprenant qu'il laisse peu de temps pour autre chose.
> ~ *Emily Dickinson*

Jour: _____ *Date:* ____/____/____

Aujourd'hui, je suis *reconnaissant* pour _____

_____
_____
_____
_____
_____
_____

Jour: _____ *Date* ____/____/____

Aujourd'hui, je suis *reconnaissant* pour _____

La façon de connaître la vie est d'aimer beaucoup de choses.
~ *Vincent Van Gogh*

Jour: _____ *Date:* ____/____/____

Aujourd'hui, je suis *reconnaissant* pour _____

Jour: _____ *Date:* _____ / _____ / _____

Aujourd'hui, je suis *reconnaissant* pour _____

_____
_____
_____
_____
_____

> Il faut moins de temps pour bien faire les choses que pour expliquer pourquoi vous avez mal agi. ~ *Henry Wadsworth Longfellow*

Jour: _____ *Date:* _____ / _____ / _____

Aujourd'hui, je suis *reconnaissant* pour _____

_____
_____
_____
_____
_____

Jour: _____ *Date* _____ / _____ / _____

Aujourd'hui, je suis *reconnaissant* pour _____

_____

_____

_____

_____

_____

> Garde l'amour dans ton coeur. Une vie sans elle est comme un jardin sans soleil quand les fleurs sont mortes. ~ *Oscar Wilde*

Jour: _____ *Date:* _____ / _____ / _____

Aujourd'hui, je suis *reconnaissant* pour _____

_____

_____

_____

_____

_____

Jour: _____ Date: ____/____/____

Aujourd'hui, je suis *reconnaissant* pour _____

_____
_____
_____
_____
_____
_____

L'avenir est acheté par le présent. ~ *Samuel Johnson*

Jour: _____ Date: ____/____/____

Aujourd'hui, je suis *reconnaissant* pour _____

_____
_____
_____
_____
_____
_____

Jour: _____ *Date* ____/____/____

Aujourd'hui, je suis *reconnaissant* pour _____

_____
_____
_____
_____
_____

Ne faites jamais une mauvaise chose pour vous faire un ami ou pour en garder un. ~ *Robert E. Lee*

Jour: _____ *Date:* ____/____/____

Aujourd'hui, je suis *reconnaissant* pour _____

_____
_____
_____
_____
_____
_____

Dessinez quelque chose

Jour: _____ *Date* _____ / _____ / _____

Aujourd'hui, je suis *reconnaissant* pour _____

_____
_____
_____
_____
_____

La vie ne consiste pas à détenir de bonnes cartes mais à jouer celles que vous détenez bien. ~ *Josh Billings*

Jour: _____ *Date:* _____ / _____ / _____

Aujourd'hui, je suis *reconnaissant* pour _____

_____
_____
_____
_____
_____

Jour: _____ *Date:* ____/____/____

Aujourd'hui, je suis *reconnaissant* pour _____

_____
_____
_____
_____
_____

> Rien n'est une perte de temps si vous utilisez judicieusement l'expérience.
> ~ *Auguste Rodin*

Jour: _____ *Date:* ____/____/____

Aujourd'hui, je suis *reconnaissant* pour _____

_____
_____
_____
_____
_____

Jour: _____ *Date* _____ / _____ / _____

Aujourd'hui, je suis *reconnaissant* pour _____

_____
_____
_____
_____
_____

Celui qui sait le mieux sait combien il sait peu. ~ *Thomas Jefferson*

Jour: _____ *Date:* _____ / _____ / _____

Aujourd'hui, je suis *reconnaissant* pour _____

_____
_____
_____
_____
_____

Jour: _____ *Date:* ____ / ____ / ____

Aujourd'hui, je suis *reconnaissant* pour _____

_____
_____
_____
_____
_____

> Trouvez l'extase dans la vie; le simple sentiment de vivre est une joie suffisante. ~ *Emily Dickinson*

Jour: _____ *Date:* ____ / ____ / ____

Aujourd'hui, je suis *reconnaissant* pour _____

_____
_____
_____
_____
_____

Jour: _____ *Date* _____ / _____ / _____

Aujourd'hui, je suis *reconnaissant* pour _____

_____

_____

_____

_____

_____

N'abandonnez jamais, car ce n'est que le lieu et l'heure où la marée va tourner.
~ *Harriet Beecher Stowe*

Jour: _____ *Date:* _____ / _____ / _____

Aujourd'hui, je suis *reconnaissant* pour _____

_____

_____

_____

_____

_____

Jour: _____ *Date:* _____ / _____ / _____

Aujourd'hui, je suis *reconnaissant* pour _____

_____
_____
_____
_____
_____
_____

Soit je trouverai un moyen, soit j'en créerai un. ~ *Philip Sidney*

Jour: _____ *Date:* _____ / _____ / _____

Aujourd'hui, je suis *reconnaissant* pour _____

_____
_____
_____
_____
_____
_____

Jour: _____ *Date* _____/_____/_____

Aujourd'hui, je suis *reconnaissant* pour _____

_____
_____
_____
_____
_____

> Ne craignez pas les erreurs. Vous saurez l'échec. Continuez à tendre la main.
> ~ *Benjamin Franklin*

Jour: _____ *Date:* _____/_____/_____

Aujourd'hui, je suis *reconnaissant* pour _____

_____
_____
_____
_____
_____

Jour: _____ *Date:* ____ / ____ / ____

Aujourd'hui, je suis *reconnaissant* pour _____

_____
_____
_____
_____
_____

> C'est la sagesse coûteuse qui s'achète par l'expérience.
> ~ Roger Ascham

Jour: _____ *Date:* ____ / ____ / ____

Aujourd'hui, je suis *reconnaissant* pour _____

_____
_____
_____
_____
_____

Jour: _____ *Date* _____ / _____ / _____

Aujourd'hui, je suis *reconnaissant* pour _____
_____
_____
_____
_____
_____

> S'aimer soi-même est le début d'une romance à vie.
> ~ *Oscar Wilde*

Jour: _____ *Date:* _____ / _____ / _____

Aujourd'hui, je suis *reconnaissant* pour _____
_____
_____
_____
_____
_____

Jour: _____ *Date:* ____/____/____

Aujourd'hui, je suis *reconnaissant* pour _____

_____
_____
_____
_____
_____

> Le raisonnement tire une conclusion, mais ne la rend pas certaine, à moins que l'esprit ne la découvre par le chemin de l'expérience. ~ *Roger Bacon*

Jour: _____ *Date:* ____/____/____

Aujourd'hui, je suis *reconnaissant* pour _____

_____
_____
_____
_____
_____

Jour: _____ *Date* _____ / _____ / _____

Aujourd'hui, je suis *reconnaissant* pour _____

_____
_____
_____
_____
_____

Rappelez-vous quand le chemin de la vie est raide pour garder votre esprit calme. ~ *Horace*

Jour: _____ *Date:* _____ / _____ / _____

Aujourd'hui, je suis *reconnaissant* pour _____

_____
_____
_____
_____
_____

Jour: _____ *Date:* _____/_____/_____

Aujourd'hui, je suis *reconnaissant* pour _____

_____
_____
_____
_____
_____

Ne me demandez pas ce que j'ai, mais ce que je suis. ~ *Heinrich Heine*

Jour: _____ *Date:* _____/_____/_____

Aujourd'hui, je suis *reconnaissant* pour _____

_____
_____
_____
_____
_____

Jour: _____ *Date* ____/____/____

Aujourd'hui, je suis *reconnaissant* pour _____

_____
_____
_____
_____
_____

La meilleure préparation pour demain est de bien faire le travail d'aujourd'hui.
~ *William Osler*

Jour: _____ *Date:* ____/____/____

Aujourd'hui, je suis *reconnaissant* pour _____

_____
_____
_____
_____
_____

Jour: _____ *Date:* _____ / _____ / _____

Aujourd'hui, je suis *reconnaissant* pour _____

_____
_____
_____
_____
_____
_____

L'amour apporte toujours des difficultés, c'est vrai, mais le bon côté est qu'il donne de l'énergie. ~ *Vincent Van Gogh*

Jour: _____ *Date:* _____ / _____ / _____

Aujourd'hui, je suis *reconnaissant* pour _____

_____
_____
_____
_____
_____
_____

Dessinez quelque chose

Jour: _____ *Date:* ____/____/____

Aujourd'hui, je suis *reconnaissant* pour _____

_____
_____
_____
_____
_____

Les petits esprits s'intéressent à l'extraordinaire; grands esprits dans le banal.
~ *Elbert Hubbard*

Jour: _____ *Date:* ____/____/____

Aujourd'hui, je suis *reconnaissant* pour _____

_____
_____
_____
_____
_____

Jour: _____ *Date* ____/____/____

Aujourd'hui, je suis *reconnaissant* pour _____

_____

_____

_____

_____

_____

> Trouvez l'extase dans la vie; le simple sentiment de vivre est une joie suffisante. ~ *Emily Dickinson*

Jour: _____ *Date:* ____/____/____

Aujourd'hui, je suis *reconnaissant* pour _____

_____

_____

_____

_____

_____

Jour: _____ *Date:* _____ / _____ / _____

Aujourd'hui, je suis *reconnaissant* pour _____

_____
_____
_____
_____
_____

> Ne vous occupez de rien de ce que quelqu'un vous dit de quelqu'un d'autre.
> Jugez tout le monde et tout pour vous-même. ~ *Henry James*

Jour: _____ *Date:* _____ / _____ / _____

Aujourd'hui, je suis *reconnaissant* pour _____

_____
_____
_____
_____
_____

Jour: _____ *Date* ___/___/___

Aujourd'hui, je suis *reconnaissant* pour _____

_____

_____

_____

_____

_____

C'est notre attitude au début d'une tâche difficile qui, plus que toute autre chose, affectera son succès. ~ *William James*

Jour: _____ *Date:* ___/___/___

Aujourd'hui, je suis *reconnaissant* pour _____

_____

_____

_____

_____

_____

Jour: _____ *Date:* ____ / ____ / ____

Aujourd'hui, je suis *reconnaissant* pour _____

_____
_____
_____
_____
_____

La gaieté est le meilleur promoteur de la santé et est aussi amicale pour l'esprit que pour le corps. ~ *Joseph Addison*

Jour: _____ *Date:* ____ / ____ / ____

Aujourd'hui, je suis *reconnaissant* pour _____

_____
_____
_____
_____
_____

Jour: _____ *Date* _____ / _____ / _____

Aujourd'hui, je suis *reconnaissant* pour _____

_____

_____

_____

_____

J'habite en possibilité. ~ *Emily Dickinson*

Jour: _____ *Date:* _____ / _____ / _____

Aujourd'hui, je suis *reconnaissant* pour _____

_____

_____

_____

_____

Jour: _____ *Date:* ____ / ____ / ____

Aujourd'hui, je suis *reconnaissant* pour _____

_____
_____
_____
_____
_____
_____

La créativité n'est pas la découverte d'une chose, mais le fait d'en faire quelque chose après l'avoir trouvée. ~ *James Russell Lowell*

Jour: _____ *Date:* ____ / ____ / ____

Aujourd'hui, je suis *reconnaissant* pour _____

_____
_____
_____
_____
_____
_____

Jour: _____ *Date* _____/_____/_____

Aujourd'hui, je suis *reconnaissant* pour _____

_____

_____

_____

_____

_____

Une chose de beauté est une joie pour toujours: sa beauté augmente; il ne passera jamais dans le néant. ~ *John Keats*

Jour: _____ *Date:* _____/_____/_____

Aujourd'hui, je suis *reconnaissant* pour _____

_____

_____

_____

_____

_____

Jour: _____ *Date:* ____ / ____ / ____

Aujourd'hui, je suis *reconnaissant* pour _____

    Avoir du courage pour tout ce qui vient dans la vie - tout y réside.
    ~ *Sainte Thérèse d'Avila*

Jour: _____ *Date:* ____ / ____ / ____

Aujourd'hui, je suis *reconnaissant* pour _____

Jour: _____ *Date* ____ / ____ / ____

Aujourd'hui, je suis *reconnaissant* pour _____

_____
_____
_____
_____
_____

Nous construisons trop de murs et pas assez de ponts. ~ *Isaac Newton*

Jour: _____ *Date:* ____ / ____ / ____

Aujourd'hui, je suis *reconnaissant* pour _____

_____
_____
_____
_____
_____

Jour: _____ *Date:* ____ / ____ / ____

Aujourd'hui, je suis *reconnaissant* pour _____

_____
_____
_____
_____
_____

Après la pluie vient le beau temps. ~ *Matthew Henry*

Jour: _____ *Date:* ____ / ____ / ____

Aujourd'hui, je suis *reconnaissant* pour _____

_____
_____
_____
_____
_____

Jour: *Date* ___ / ___ / ___

Aujourd'hui, je suis *reconnaissant* pour

Mille mots ne laisseront pas une impression aussi profonde qu'un acte.
~ *Henrik Ibsen*

Jour: *Date:* ___ / ___ / ___

Aujourd'hui, je suis *reconnaissant* pour

Jour: _____ *Date:* ____ / ____ / ____

Aujourd'hui, je suis *reconnaissant* pour _____

_____
_____
_____
_____
_____

> Toute expérience est une arche sur laquelle s'appuyer.
> ~ *Henry Adams*

Jour: _____ *Date:* ____ / ____ / ____

Aujourd'hui, je suis *reconnaissant* pour _____

_____
_____
_____
_____
_____

Jour: _____ *Date* ____/____/____

Aujourd'hui, je suis *reconnaissant* pour _____

_____
_____
_____
_____
_____

> Remerciez Dieu chaque matin lorsque vous vous levez que vous avez quelque chose à faire ce jour-là, ce qui doit être fait, que cela vous plaise ou non.
> ~ *James Russell Lowell*

Jour: _____ *Date:* ____/____/____

Aujourd'hui, je suis *reconnaissant* pour _____

_____
_____
_____
_____
_____

Dessinez quelque chose

Jour: _____ *Date* _____/_____/_____

Aujourd'hui, je suis *reconnaissant* pour _____

_____
_____
_____
_____
_____

Le génie est la capacité de renouveler ses émotions au quotidien.
~ *Paul Cézanne*

Jour: _____ *Date:* _____/_____/_____

Aujourd'hui, je suis *reconnaissant* pour _____

_____
_____
_____
_____
_____

Jour: _____ *Date:* ____/____/____

Aujourd'hui, je suis *reconnaissant* pour _____

_____
_____
_____
_____
_____

> Combien peu de choses peuvent être faites dans un esprit de peur.
> ~ *Florence Nightingale*

Jour: _____ *Date:* ____/____/____

Aujourd'hui, je suis *reconnaissant* pour _____

_____
_____
_____
_____
_____

Jour: _____ *Date* _____ / ____ / ____

Aujourd'hui, je suis *reconnaissant* pour _____

_____
_____
_____
_____
_____

> Le doute vient à la fenêtre lorsque l'enquête est refusée à la porte..
> ~ *Benjamin Jowett*

Jour: _____ *Date:* _____ / ____ / ____

Aujourd'hui, je suis *reconnaissant* pour _____

_____
_____
_____
_____
_____

Jour: _____ Date: ____/____/____

Aujourd'hui, je suis *reconnaissant* pour _____

_____
_____
_____
_____
_____

La vie n'est pas une question de tenir de bonnes cartes, mais de bien jouer une mauvaise main. ~ *Robert Louis Stevenson*

Jour: _____ Date: ____/____/____

Aujourd'hui, je suis *reconnaissant* pour _____

_____
_____
_____
_____
_____

Jour: _____ *Date* _____/_____/_____

Aujourd'hui, je suis *reconnaissant* pour _____

_____
_____
_____
_____

> Avec un œil rendu silencieux par le pouvoir de l'harmonie et le pouvoir profond de la joie, nous voyons la vie des choses. ~ *William Wordsworth*

Jour: _____ *Date:* _____/_____/_____

Aujourd'hui, je suis *reconnaissant* pour _____

_____
_____
_____
_____

Jour: _____ *Date:* _____ / _____ / _____

Aujourd'hui, je suis *reconnaissant* pour _____

_____
_____
_____
_____
_____

Nous consommons nos lendemains en s'inquiétant de nos jours passés.
~ *Persius*

Jour: _____ *Date:* _____ / _____ / _____

Aujourd'hui, je suis *reconnaissant* pour _____

_____
_____
_____
_____
_____

Jour: _____ *Date* ____ / ____ / ____

Aujourd'hui, je suis *reconnaissant* pour _____

_____
_____
_____
_____
_____

> Un mot doux, un regard aimable, un sourire bon enfant peuvent faire des merveilles et accomplir des miracles. ~ *William Hazlitt*

Jour: _____ *Date:* ____ / ____ / ____

Aujourd'hui, je suis *reconnaissant* pour _____

_____
_____
_____
_____
_____

Jour: _____ *Date:* _____ / _____ / _____

Aujourd'hui, je suis *reconnaissant* pour _____

_____
_____
_____
_____
_____

Aucun homme n'est une île, tout entière; chaque homme est un morceau du continent. ~ *John Donne*

Jour: _____ *Date:* _____ / _____ / _____

Aujourd'hui, je suis *reconnaissant* pour _____

_____
_____
_____
_____
_____

Jour: _____ *Date* ____ / ____ / ____

Aujourd'hui, je suis *reconnaissant* pour _____

_____

_____

_____

_____

_____

> Vivez votre vie comme si chacun de vos actes devait devenir une loi universelle. ~ *Emmanuel Kant*

Jour: _____ *Date:* ____ / ____ / ____

Aujourd'hui, je suis *reconnaissant* pour _____

_____

_____

_____

_____

_____

Jour: _____ *Date:* _____ / _____ / _____

Aujourd'hui, je suis *reconnaissant* pour _____
_____
_____
_____
_____
_____
_____

> Si vous voulez que le présent soit différent du passé, étudiez le passé.
> ~ *Baruch Spinoza*

Jour: _____ *Date:* _____ / _____ / _____

Aujourd'hui, je suis *reconnaissant* pour _____
_____
_____
_____
_____
_____
_____

Jour: _____ *Date* _____/_____/_____

Aujourd'hui, je suis *reconnaissant* pour _____

_____
_____
_____
_____
_____

> La mesure du caractère réel d'un homme est ce qu'il ferait s'il savait qu'il ne serait jamais découvert. ~ *Thomas Babington Macaulay*

Jour: _____ *Date:* _____/_____/_____

Aujourd'hui, je suis *reconnaissant* pour _____

_____
_____
_____
_____
_____

Jour: _____ *Date:* ____ / ____ / ____

Aujourd'hui, je suis *reconnaissant* pour _____

_____
_____
_____
_____
_____

Les montagnes appellent et je dois y aller. ~ *John Muir*

Jour: _____ *Date:* ____ / ____ / ____

Aujourd'hui, je suis *reconnaissant* pour _____

_____
_____
_____
_____
_____

Jour: _____ *Date* _____/_____/_____

Aujourd'hui, je suis *reconnaissant* pour _____

_____

_____

_____

_____

_____

_____

Commencez, soyez audacieux et osez être sage. ~ *Horace*

Jour: _____ *Date:* _____/_____/_____

Aujourd'hui, je suis *reconnaissant* pour _____

_____

_____

_____

_____

_____

_____

Jour: _____ *Date:* ____ / ____ / ____

Aujourd'hui, je suis *reconnaissant* pour _____

_____
_____
_____
_____
_____
_____

Des bénédictions avant de faire votre choix et d'être content. ~ *Samuel Johnson*

Jour: _____ *Date:* ____ / ____ / ____

Aujourd'hui, je suis *reconnaissant* pour _____

_____
_____
_____
_____
_____
_____

Dessinez quelque chose

Jour: _____   Date: ____/____/____

Aujourd'hui, je suis *reconnaissant* pour _____
_____
_____
_____
_____
_____
_____

Les amis sont le soleil de la vie. ~ *John Hay*

Jour: _____   Date: ____/____/____

Aujourd'hui, je suis *reconnaissant* pour _____
_____
_____
_____
_____
_____
_____

Jour: _____ *Date* ___/___/___

Aujourd'hui, je suis *reconnaissant* pour _____

_____
_____
_____
_____
_____

> Soyons cependant de bonne humeur, en nous rappelant que les
> malheurs les plus difficiles à supporter sont ceux qui ne viennent jamais.
> ~ *James Russell Lowell*

Jour: _____ *Date:* ___/___/___

Aujourd'hui, je suis *reconnaissant* pour _____

_____
_____
_____
_____
_____

Jour: _____   *Date:* ____ / ____ / ____

Aujourd'hui, je suis *reconnaissant* pour _____

_____
_____
_____
_____
_____
_____

> Celui qui sait que trop c'est trop en aura toujours assez.
> ~ *Lao Tzu*

Jour: _____   *Date:* ____ / ____ / ____

Aujourd'hui, je suis *reconnaissant* pour _____

_____
_____
_____
_____
_____
_____

Jour: _____ *Date* ____/____/____

Aujourd'hui, je suis *reconnaissant* pour _____

_____
_____
_____
_____
_____

Vous ne pouvez pas faire de bonté trop tôt, car vous ne savez jamais combien de temps il sera trop tard. ~ *Ralph Waldo Emerson*

Jour: _____ *Date:* ____/____/____

Aujourd'hui, je suis *reconnaissant* pour _____

_____
_____
_____
_____
_____

Jour: _____ *Date:* ____ / ____ / ____

Aujourd'hui, je suis *reconnaissant* pour _____

_____
_____
_____
_____
_____

> Le vrai bonheur est assez bon marché, mais combien nous payons cher sa contrefaçon. ~ *Hosea Ballou*

Jour: _____ *Date:* ____ / ____ / ____

Aujourd'hui, je suis *reconnaissant* pour _____

_____
_____
_____
_____
_____

Jour: _____ *Date* _____ / _____ / _____

Aujourd'hui, je suis *reconnaissant* pour _____

_____

_____

_____

_____

_____

N'abandonnez jamais, car ce n'est que le lieu et l'heure où la marée va tourner.
~ *Harriet Beecher Stowe*

Jour: _____ *Date:* _____ / _____ / _____

Aujourd'hui, je suis *reconnaissant* pour _____

_____

_____

_____

_____

_____

Jour: _____ *Date:* _____ / _____ / _____

Aujourd'hui, je suis *reconnaissant* pour _____

_____
_____
_____
_____
_____
_____

> Le pouvoir de l'imagination nous rend infini.
> ~ *John Muir*

Jour: _____ *Date:* _____ / _____ / _____

Aujourd'hui, je suis *reconnaissant* pour _____

_____
_____
_____
_____
_____
_____

Jour: _____ *Date* ____/____/____

Aujourd'hui, je suis *reconnaissant* pour _____

_____

_____

_____

_____

_____

Le bonheur est un choix qui nécessite parfois des efforts.
~ *Eschyle*

Jour: _____ *Date:* ____/____/____

Aujourd'hui, je suis *reconnaissant* pour _____

_____

_____

_____

_____

_____

Jour: _____ *Date:* _____ / _____ / _____

Aujourd'hui, je suis *reconnaissant* pour _____

_____
_____
_____
_____
_____
_____

Ce que nous obtenons trop bon marché, nous l'estimons trop à la légère; seule la cherté donne à chaque chose sa valeur. ~ *Thomas Paine*

Jour: _____ *Date:* _____ / _____ / _____

Aujourd'hui, je suis *reconnaissant* pour _____

_____
_____
_____
_____
_____
_____

Jour: _____ *Date* ___/___/___

Aujourd'hui, je suis *reconnaissant* pour _____

_____
_____
_____
_____
_____
_____

Ce qui vous inquiète, vous maîtrise. ~ *John Locke*

Jour: _____ *Date:* ___/___/___

Aujourd'hui, je suis *reconnaissant* pour _____

_____
_____
_____
_____
_____
_____

Jour: _____ *Date:* ____ / ____ /

Aujourd'hui, je suis *reconnaissant* pour _____

_____
_____
_____
_____
_____
_____

Tout est difficile avant d'être facile. ~ *Thomas Fuller*

Jour: _____ *Date:* ____ / ____ /

Aujourd'hui, je suis *reconnaissant* pour _____

_____
_____
_____
_____
_____
_____

Jour: _____ *Date* ___/___/___

Aujourd'hui, je suis *reconnaissant* pour _____

_____
_____
_____
_____
_____

Qui sait, l'esprit a en plus la clé de tout.
~ *Amos Bronson Alcott*

Jour: _____ *Date:* ___/___/___

Aujourd'hui, je suis *reconnaissant* pour _____

_____
_____
_____
_____
_____

Jour: _____ *Date:* ____ / ____ / ____

Aujourd'hui, je suis *reconnaissant* pour _____

_____
_____
_____
_____
_____
_____

Le but crée la machine. ~ *Arthur Young*

Jour: _____ *Date:* ____ / ____ / ____

Aujourd'hui, je suis *reconnaissant* pour _____

_____
_____
_____
_____
_____
_____

Jour: _____ *Date* _____/_____/_____

Aujourd'hui, je suis *reconnaissant* pour _____

_____

_____

_____

_____

_____

Savoir ne suffit pas; nous devons postuler. La volonté ne suffit pas; nous devons faire. ~ *Johann Wolfgang von Goethe*

Jour: _____ *Date:* _____/_____/_____

Aujourd'hui, je suis *reconnaissant* pour _____

_____

_____

_____

_____

_____

Dessinez quelque chose

Notes

Notes

www.ingramcontent.com/pod-product-compliance
Lightning Source LLC
Chambersburg PA
CBHW052158110526
44591CB00012B/1996